Die sieben Wesenselemente einer Organisation nach Glasl

DER VERSUCH EINER PRAKTISCHEN ANWENDUNG IM EIGENEM BETRIEB

VON LIANA STEINOCHER

STUDIENARBEIT

KARL-FRANZENS-UNIVERSITÄT GRAZ

ISBN: 1517282608
ISBN-13: 978-1517282608

Inhalt

1.   Einleitung

Das Seminar „Qualitätsmanagement in der Weiterbildung" hat sich, wie der Name schon zeigt, mit den verschiedensten Facetten des Qualitätsmanagements beschäftigt. Vorrangig wurde dabei auf den Bereich der Bildung und den dementsprechenden Einrichtungen eingegangen. Uns wurde einerseits vieles an theoretischem Wissen als Basisstoff vermittelt und sehr vieles anhand praktischer Beispiele nähergebracht. Die Schilderungen wie Qualitätsmanagement in einer Weiterbildungseinrichtung stattfindet und möglich ist, besonders auch die Besichtigung des Retzhofs selbst, hat mir den Bereich QM wirklich verständlich gemacht. QM war bis zu diesem Seminar eine eher unbekannte Thematik gewesen, der Begriff war zwar bekannt aber die konkrete Auseinandersetzung, Beschäftigung und Anwendung war nicht vorhanden. Das Thema Qualität und Qualitätssicherung hat mich jedoch sehr angesprochen und fasziniert und ich würde gerne einen Teil davon in meiner Seminararbeit verarbeiten. Da ich in meiner Berufstätigkeit in einem Bereich tätig bin, der mit Weiterbildung überhaupt nichts zu tun hat und ich trotzdem keine reine theoretische Arbeit schreiben möchte, werde ich trotzdem die Firma, in der ich beschäftigt bin als konkretes Beispiel anführen und versuchen theoretisches Wissen praktisch anzuwenden.

Als Hauptthema möchte ich theoretisch das Modell der sieben Wesenselementen einer Organisation von Glasl mit Hilfe einer Firmenstruktur praktisch in Verbindung zu setzen. Qualitätsmanagement ist ein Bereich, der nicht nur im pädagogischen Bereich sinnvoll, notwendig und wichtig ist, sondern meiner Meinung nach in allen Betrieben, in der unterschiedliche Menschen in verschiedenen Berufsfeldern tätig sind. Um ein wirtschaftliches, aber auch menschliches Miteinander möglich zu machen, sind dementsprechende Rahmenbedingungen notwendig. Je besser organisiert und strukturiert eine Firma funktioniert, je gezielter Schwerpunkte und Zielsetzungen festgelegt werden, je sinnvoller Arbeitsschritte eingeteilt sind, desto effektiver wird diese im Vergleich zu anderen Mitbewerbern erfolgreich sein. Qualitätsbezogene, wie auch personelle Überlegungen gehören ebenso überdacht, wie geographische, wirtschaftliche und politische Rahmenbedingungen. Leider wird oft darauf vergessen, Qualitätsmanagement dazu zu Hilfe zu nehmen, manchmal fehlt das Geld, manchmal stellt sich niemand zur Verfügung, der sich mit diesem Bereich beschäftigen möchte. Vielfach wird über Qualität auch nicht nachgedacht, wichtig sind Zahlen, Fakten, Gewinne und Verluste. Es stellt sich oft nur die Frage wie kann eine Firma am einfachsten und schnellsten bei minimalen Personalkosten maximale Gewinne erzielen. Dass dabei die Qualität und das Image einer Firma schwindet, spielt in den Köpfen der obersten Firmenleitung oft keine Rolle.

Der Markt ist gewinnorientiert und muss wettbewerbsfähig agieren, ganz gleich welche Mitteln dazu verwendet werden müssen. In meiner Arbeit möchte ich am konkreten Beispiel unserer Firma versuchen zu zeigen, wie sinnvoll aktives Qualitätsmanagement sein kann, als ein Teil, um diesen Anforderungen gerecht werden zu können und trotz veränderter und immer schwieriger werdender Rahmenbedingungen überlebensfähig zu bleiben. Selbstverständlich ist Qualitätsmanagement kein Wundermittel und genügt nicht alleine um dies möglich werden zu lassen. Ich denke aber, dass mit Hilfe der Qualitätssicherung viele Schritte vereinfacht, sogar automatisiert und besser abgegrenzt werden können, um bessere Arbeitsbedingungen bieten zu können. Wichtig dabei ist, diese Überlegungen schriftlich in einem Qualitätsmanagement Handbuch festzuhalten und allen beteiligten Personen Zutritt dazu zu bieten und diese über die Sinnhaftigkeit und Notwendigkeit eines solchen zu informieren.

Die Seminararbeit möchte ich zunächst mit einigen allgemeinen Gedanken der momentanen Arbeitswelt beginnen, darauf folgt eine kurze Beschreibung des Modells der sieben Wesenselemente nach Glasl, im Anschluss dazu eine kurze Beschreibung der Firmenstruktur, in der ich tätig bin und im nächsten Schritt, sozusagen als Hauptthema die Verbindung mit beziehungsweise die Anwendung der Theorie auf die Strukturen der Firma. Mit meinen eigenen Erklärungen, Schlussfolgerungen und Zukunftsvisionen möchte ich die Arbeit beenden.

## 2.	Allgemeine Überlegungen

Die heutige Gesellschaft, aber auch die Arbeitswelt ist einem ständigen Wechsel ausgeliefert. Spontaneität, Flexibilität und Mobilität sind Schlagwörter, die einem oft nahegelegt werden und einen in den verschiedenen Bereichen begleiten. Im beruflichen Alltag ist Weiterbildung, lebenslanges Lernen und der Erwerb von Zusatzqualifikationen unbedingt notwendig, um im Arbeitsleben halbwegs erfolgreich zu sein und sich ein relativ angenehmes und sorgenfreies Leben ermöglichen zu können. Technologischer Fortschritt und ökologische Veränderungen verändern die gesellschaftlichen Rahmenbedingungen, aber auch die Ansprüche in der Arbeitswelt, die Erfordernisse und Kenntnisse die für einzelne Sparten gebracht werden, sind gewachsen. Aus diesem Grund haben auch einzelne Firmen, Betriebe, Organisationen und Institutionen die Verpflichtung sich diesen Veränderungen ganzheitlich zu öffnen, diese zu akzeptieren und in ihrer Arbeit darauf bedacht zu nehmen.

Um diesen Veränderungsprozessen gerecht zu werden, sind die Zuhilfenahme von bereits entwickelten Denkprozessen ein geeigneter Weg. Das Konzept der „Sieben Wesenselemente einer Organisation" von Friedrich Glasl, wo sich dieser mit Personalentwicklung und Organisationen auseinandergesetzt hat, bietet einen solchen Denkansatz an. Prinzipiell muss die oberste Leitung offen sein für Veränderungen und Qualitätsmanagement wollen, es akzeptieren und auch im eigenen Betrieb zulassen wollen, ansonsten wird eine Verbesserung durch Qualitätsmanagement nicht möglich werden.

3.   Die sieben Wesenselemente einer Organisation

Friedrich Glasl, ein österreichischer Ökonom, 1941 in Wien geboren, hat 1983 versucht die verschiedenen Aspekte, die bei der Struktur einer Organisation von Bedeutung sind, aufzuschlüsseln. Glasls beruflicher Werdegang erstreckt sich vom erlernten Beruf eines Schriftsetzers über ein Studium der politischen Wissenschaft, eine Dissertation zum Thema Internationale Konfliktverhütung, Arbeiten bei der UNESCO und in Druckereien, Auslandstätigkeiten in Holland bis hin zur Universitätstätigkeit als Dozent für Organisationsentwicklung an der Universität Salzburg. Seine Ideen und Visionen hat Friedrich Glasl auch in schriftlicher Form veröffentlicht.

3.1. Allgemeine Gedanken

Der Grundgedanke des Modells der sieben Wesenselemente beschreibt den Aufbau einer Organisation, der nach Glasl aus sieben „Schalen" oder „Wesenselementen" besteht. Diese werden als Identität, Arbeitskonzepte, Teamaufbau, psycho-soziales Gefüge, Aufgabenverteilung, Abläufe und psychische Mittel beschrieben. Es gibt auch sogenannte Subsysteme, in denen die einzelnen Wesenselemente zusammengefasst sind. Das Kulturelle Subsystem meint Identität und Strategien, die Begriffe Strukturen, Menschen und Funktionen werden im sozialen Subsystem zusammengefasst und zum technisch – instrumentelle Subsystem gehören Abläufe und psychische Mittel.

Jedes Element steht prinzipiell zunächst für sich alleine, kann aber ohne die Wechselwirkung mit den anderen Elementen nicht funktionieren. Sie beeinflussen sich gegenseitig positiv wie negativ, und zeigen bei Veränderung eine bestimmte gegenseitige Auswirkung. Des weiteren gibt es natürlich auch noch Faktoren, die von außen auf eine Organisation einwirken und diese ebenfalls beeinflussen. Es gibt gesellschaftliche Strömungen, die einen Einfluss auf eine Einrichtung zeigen. Mitbewerber, der gesamte Markt, aber auch technologische und ökologische Veränderungen wirken auf das Kernsystem und beeinflussen dieses auf unterschiedliche Weisen. Gerade im pädagogischen Bereich ist es sehr wichtig, sich diesen externen Faktoren bewusst zu sein und daher unbedingt notwendig Stellung zu beziehen und seinen Standpunkt klar darzulegen. Der Nutzen eines solchen Modells findet sich im Aufzeigen von Schwachstellen in

Organisationen und in den daraus ziehenden Verbesserungsmöglichkeiten und Veränderungen, in Problemslösungsstrategien und einem prinzipiellen Feststellen des IST Zustandes einer Organisation.

3.2. Konkrete Definitionen

Nach diesen einleitenden Überlegungen möchte ich auf die einzelnen Teilbereiche des Modells näher und genauer eingehen. Im Mittelpunkt des Modells steht der Begriff der Identität. Jede Einrichtung oder jeder Betrieb hat eine bestimmte „Persönlichkeit", eine Art und Weise, wie auf die Menschen, seien es Konsumenten oder MitarbeiterInnen oder die Gesellschaft selbst gewirkt wird. Man kann darunter auch die gesellschaftliche Aufgabe, den Sinn und Zweck einer Organisation verstehen. Ein ganz spezifisches Image wird vermittelt, der Betrieb will mit einem bestimmten Markenzeichen, einem Firmenlogo, aber auch mit einem Leitbild etwas nach außen zeigen, damit die Gesellschaft eine Verbindung aufbauen und sich damit identifizieren kann und dadurch einen Wiedererkennungswert bekommt. Eine Identität ist aus zum Beispiel einem Leitbild abbildbar oder aus Grundsätzen formulierbar und wird selbstverständlich in einem Qualitätsmanagementbuch schriftlich festgesetzt. Sämtliche MitarbeiterInnen sind dazu angehalten, über diese Identitäten Bescheid zu wissen und sie haben das Recht seitens der Firmenleitung darüber aufgeklärt zu werden. Identitäten können jederzeit auch geändert werden, eine langsame und schrittweise Veränderung wäre in diesem Fall jedoch sinnvoll.

Funktionen und Kompetenzen als nächster Begriff im Modell setzt sich mit den Aufgaben und der Verantwortung der einzelnen Personen in einem System auseinander. Ein Organigramm einer Firma weist jeder oder jedem Beteiligten einen ganz exakten Bereich zu und stellt auch die Hierarchie darin fest. Darüber hinaus wird festgelegt welchen Aufgabenbereich jede einzelne Person in einem Betrieb einnimmt. Wer ist wofür zuständig, wofür überhaupt nicht, wer vertritt wen in Urlaubszeiten oder bei Krankenständen, wer hat welche Verantwortungen und wie werden die Kompetenzen der einzelnen MitarbeiterInnen eingesetzt? Durch das Verwenden eines Qualitätsmanagementhandbuches besteht die Möglichkeit, veraltete Strukturen bezüglich Personalstruktur, die oft jahrelang nicht überprüft wurden, zu überdenken und neu zu gestalten. In vielen Betrieben übernehmen MitarbeiterInnen über Jahre Aufgaben, für die sie nicht geeignet oder gar nicht zuständig sind, es werden zu viele Bereiche einzelnen Personen zugemutet, während andere unterfordert sind. Diese Probleme wären durch regelmäßige Überprüfungen lösbar und in einem zweiten Schritt veränderbar.

Ein weiterer wichtiger Begriff sind physische Mittel. Dahinter stecken sämtliche Sachmittel eines Betriebes, aber auch die Räumlichkeiten und die finanzielle Ausstattung. Jedes einzelne Gerät, jede Maschine und jedes Material wird schriftlich festgehalten, mit allen dazugehörigen Details, wie das Kaufdatum, die Garantie, der Standort, wer wartet wann und wie oft das Gerät, wer ist für die Reinigung zuständig, wer repariert das Material, wenn es kaputt geht. Außerdem wird schriftlich festgehalten, wer welches Gerät benutzen darf und jede/r MitarbeiterIn hat das Recht diese Regelungen jederzeit einzusehen.

Als nächsten Punkt gehe ich auf Prozesse und Abläufe in einem Betrieb genauer ein. Eine erste Differenzierung ergibt sich aus einer Einteilung in effizient und effektiv. Effizienz bedeutet ob ich die Dinge richtig mache, ob der Ablauf sinnvoll und zielführend ist, während Effektivität die Frage stellt, ob grundsätzlich die richtigen Dinge getan werden oder ob andere Aspekte bedeutender und wichtiger wären. Sämtliche Arbeitsprozesse werden genau beschrieben, auch Informations- und Entscheidungsprozesse werden in einem Handbuch aufgelistet und beschrieben. Wie funktioniert eine Firma, wie sieht die interne Logistik in einem Betrieb aus. Wie schauen langfristige Planungsprozesse aus?

Einen besonderen Bereich nehmen auch die Menschen in einem Betrieb ein, da diese einen Betrieb meistens, neben den Maschinen und anderem, aufrecht erhalten. Immer wo Menschen miteinander Umgang haben ist es wichtig ein gutes und gesundes Klima aufrecht zu erhalten, dies ist oft ein schwieriger Balanceakt. Das Wissen und Können der MitarbeiterInnen muss erkannt und dementsprechend eingesetzt werden, dabei gehören auch Haltungen und Einstellungen der einzelnen Personen beachtet. Bei Gruppenprojekten oder auch Arbeitsgruppen muss ein Umgang mit Machtsituationen bedacht werden und ein gutes Konfliktmanagement darf nicht vergessen werden. Der Umgang im hierarchischen System soll für jede/n MitarbeiterIn angenehm und nachvollziehbar sein, der eigene Platz in diesem System fixiert sein und jede/r soll sich seines eigenen Könnens und der eigenen Kompetenzen bewusst sein. Ein angenehmes Betriebsklima für alle wäre absolutes Ziel in einem Betrieb, dass es zu erreichen gäbe, da dieses die MitarbeiterInnen motiviert gerne, kompetent und fleißig ihre Arbeit zu verrichten.

Strukturen sind ein weiterer Begriff im Modell von Glasl, der darunter die Statuten, die in einem Betrieb gültig sind, versteht. Wie schaut der Gesellschaftsvertrag aus, wie ist eine Firma strukturell aufgebaut, welche Abteilungen gibt es in einem Betrieb und wie schaut die Zusammenarbeit zwischen den einzelnen Bereichen aus? Wer hilft wem wie weiter? Auch die Beziehungen zu externen Organisationen, die Zusammenarbeit und die Abhängigkeiten zu anderen Betrieben und Lieferanten sind ein wichtiger Bestandteil einer Firma, die überdacht gehören. Vielleicht sind strategische Allianzen für den Weitererhalt einer Organisation von Bedeutung oder ist die Zusammenarbeit mit anderen Firmen aus Kostenersparnissen interessant? Ein wichtiger Aspekt ist auch in diesem Zusammenhang die Erstellung eines Organigramms, welches ich zwar bereits beim Begriff Funktionen und Kompetenzen kurz erwähnt habe, jedoch zu diesem Abschnitt stärker integriert gehört. Durch ein Organigramm wird eine Firma gegliedert, strukturiert und die einzelnen Bereiche voneinander abgegrenzt und grundsätzlich abgegrenzt.

Der letzte Begriff im Modell der sieben Wesenselemente einer Organisation von Glasl ist der Begriff der Strategien. Diese werden durch die oberste Leitung formuliert und festgelegt. Zu bedenken sind dabei die geografische Lage, die unmittelbare Umgebung, wo steht der Betrieb, welche Mitbewerber und Firmen existieren in der Nähe, ist die Organisation im ländlichen oder städtischen Bereich, wie schaut der grundsätzliche Markt aus, ist eine Zukunft möglich? Auch gesellschaftliche Strömungen gehören berücksichtigt und in langfristige Planungen miteinbezogen. Technologische und ökologische Anforderungen und politische Rahmenbedingen sind ebenfalls zu bedenken. Leitsätze für Produkt-, Markt-, Finanz-, und Personalpolitik werden ausgearbeitet und dementsprechend in das System eingefügt.

4.   Die Firmenstruktur

Als ersten Schritt werde ich die Firma in kurzen Eckdaten beschreiben, um ein erstes Bild vermitteln zu können. Die Firma, in der ich als Angestellte beschäftigt bin, ist eine Filiale einer Buchhandelskette, die in Graz angesiedelt ist. In unserem Betrieb arbeiten etwa 15 Personen, in den verschiedensten Abteilungen und Bereichen. Ein Teil der MitarbeiterInnen ist im Verkauf tätig, einige andere beschäftigen sich mit Bürotätigkeiten, wiederum andere sind mit Zustellung und Warenübernahme eingeteilt, auch zwei Lehrlinge sind in unserer Firma beschäftigt, außerdem leitet ein Filialleiter das gesamte Geschäft. Prinzipiell hat jede/r MitarbeiterIn seinen eigenen Bereichen zugeteilt, in dem sie/er ihre/seine Aufgabe zu erledigen hat.

Diese Aufgabenverteilung hat sich im Lauf der Zeit durch Personalabbau und externe Umstände geändert, Flexibilität und Offenheit gegenüber Neuem sind selbstverständlich geworden. Viele MitarbeiterInnen haben neue Aufgaben dazubekommen und müssen die Arbeiten der anderen mit erledigen. Darunter leiden Motivation und Kundenservice. Qualitätsmanagement wird in unserem Betrieb nicht durchgeführt, es existiert auch kein Qualitätsmanagement Handbuch, in dem sämtliche schriftliche Aufzeichnungen enthalten sind. Dienstpläne werden maximal für ein bis zwei Monate im vorhinein festgelegt und sind gelegentlich auch kurzfristig abänderbar.

Positiv ist jedoch hervorzuheben, dass das Klima unter den MitarbeiterInnen trotz manch schwieriger Situationen sehr herzlich und hilfsbereit ist. Kolleginnen und Kollegen unterstützen und helfen sich gegenseitig, ein freundschaftlicher Umgangston ist erkennbar. Von der Ausbildung her sind die meisten der Angestellten BuchhändlerInnen, die zwei Lehrlinge absolvieren ebenfalls eine Buchhändlerlehre, die restlichen KollegInnen kommen aus den unterschiedlichsten Bereichen. Die Öffnungszeiten des Geschäftes sind Montag bis Freitag durchgehend von neun bis achtzehn Uhr und am Samstag von neun bis siebzehn Uhr. Die MitarbeiterInnen von der Zustellung, vom Wareneingang und des Büros arbeiten zwischen sieben und sechzehn Uhr. Jedem Angestellten steht selbstverständlich eine Mittagspause von einer Stunde zu. In Urlaubszeiten und bei sonstigen Ausfällen werden die Arbeiten der anderen mitgemacht und dies bedeutet natürlich längere Arbeitszeiten, die dann mit freien Tagen abgegolten werden. Die KollegInnen im Verkauf haben prinzipiell einen freien Tag pro Woche und jeden zweiten Samstag frei, die restlichen KollegInnen arbeiten von Montag bis Freitag und haben grundsätzlich am Samstag frei. In der Praxis sind diese Regelungen nicht immer möglich, es wird aber darauf geachtet, dass jede/r zu seinen freien Tagen kommt und nicht zuviel Überstunden aufgebaut werden. Auch spontane freie Tage sind zumeist möglich, dies ist auf das angenehme kollegiale Klima zurückzuführen, wo füreinander eingesprungen wird. Zu Stosszeiten, wie beim Weihnachtsgeschäft gibt es weniger Freizeit, dafür werden bei ruhigeren Zeiten, wie im Jänner die Arbeitszeiten reduziert.

5. Theorie und Praxis Versuch einer Beziehung

Nach diesen einleitenden theoretischen Punkten, möchte ich in diesem Kapitel versuchen, das Modell von Glasl anhand der Firma, in der ich beschäftigt bin, praktisch anzuwenden und aufzeigen, wie sinnvoll und nützlich eine gute Strukturierung sein kann.

Als Einstieg habe ich im Internet als Beispiel einen Kurztest gefunden, in dem die sieben Wesenselemente einer Organisation nach Fritz Glasl kurz bewertet werden sollen:(http://www.ganztag-blk.de/ganztags-box/cms/upload/OE/pdf/Kurztest_7_Wesenselemente.pdf)

Elemente/ Aspekte der Organisation	0 100
1 Identität	
Orientieren wir uns an den Bedürfnissen oder Problemen unserer Kunden?	|..........|..........|..........|..........|..........|
Wird der Daseinszweck im Unternehmen kommuniziert?	|..........|..........|..........|..........|..........|
Welches Image hat unsere Organisation in der Umwelt?	|..........|..........|..........|..........|..........|

2 Konzepte, Strategien	
Sind unsere grundsätzlichen Strategien klar?	|..........|..........|..........|..........|..........|
Sind wir sensibel für die Tendenzen in der Umwelt?	|..........|..........|..........|..........|..........|
Korrespondieren die Strategien mit vorhandenen Stärken?	|..........|..........|..........|..........|..........|
3 Strukturen	
Ist unsere Organisation marktgerecht strukturiert?	|..........|..........|..........|..........|..........|
Kommunizieren die Bereiche ausreichend miteinander?	|..........|..........|..........|..........|..........|
Verändern wir unsere Strukturen entsprechend neuer Anforderungen?	|..........|..........|..........|..........|..........|
4 Menschen	
Treffen Fähigkeiten, Wissen, Können die	|..........|..........|..........|..........|..........|

zukünftigen Anforderungen?	
Wie sind die Einstellungen, das Verhalten, die Motivation zur Leistung?	|..........|..........|..........|..........|..........|
Ist die Personalentwicklung aktiv und gezielt?	|..........|..........|..........|..........|..........|
Werden Reibungen und Konflikte produktiv bearbeitet?	|..........|..........|..........|..........|..........|
5 Funktionen	
Übernehmen die Mitarbeiter gern Verantwortung?	|..........|..........|..........|..........|..........|
Sind Aufgaben klar definiert und mit Kompetenz ausgestattet?	|..........|..........|..........|..........|..........|
6 Abläufe	
Sind die Abläufe gut aufeinander abgestimmt?	|..........|..........|..........|..........|..........|
Stehen Zweckmäßigkeit und inhaltliche Güte im	|..........|..........|..........|..........|..........|

Vordergrund?	
Wie ist die Qualität von Entscheidungen (gibt es Lücken, Doppelgleisigkeiten, etc. ?)	|..........|..........|..........|..........|..........|
Wie verlaufen Informationsprozesse?	|..........|..........|..........|..........|..........|
7 Sachmittel	
In welchem Zustand sind Gebäude, Anlagen und Ausstattung?	|..........|..........|..........|..........|..........|
Wie gut stehen wir finanziell da?	|..........|..........|..........|..........|..........|
Wie gut fördert die räumliche Situation die Zusammenarbeit?	|..........|..........|..........|..........|..........|

Dieser Test wäre für den Einstieg in Qualitätsmanagement sehr gut geeignet um sich einen ersten Überblick über den aktuellen Stand einer Firma zu machen. Sich einigen Aspekten bewusst zu werden und zu erfahren auf welche Punkte geachtet werden kann, wäre sehr sinnvoll. Um die sieben Wesenselemente von Glasl praktisch anzuwenden, möchte ich die einzelnen Aspekte durchgehen.

Wie bereits bei den theoretischen Überlegungen erwähnt ist der zentrale Begriff Identität. Eine Firma oder ein Geschäft soll einen Wiedererkennungswert, etwas Nachhaltiges besitzen um konkurrenzfähig bleiben zu können und um die KonsumentInnen, aber auch Lieferantenfirmen an ein Geschäft binden zu können. Eine gelebte, erlebbare Organisationskultur wird damit ausgedrückt (vgl. Ming, 2006). In unserer Firma gibt es dafür ein ganz bestimmtes Logo. Dieses ist auf den Papier- und Plastiksackerln, auf Briefköpfen und bei Aussendungen aufgedruckt und stellt einen vertrauten Bezug zu unserer Buchhandlung her. Die Farben sind ansprechend in warmen Farben gestaltet, der Schriftzug in schwarz gehalten.

Auch der Internetauftritt und bei Plakaten erkennt man anhand dieses Logos die Zugehörigkeit. Um bei KundInnen diese Bindung zu verfestigen werden die Tragtaschen zum Beispiel gratis mitgegeben um diese auch noch zu Hause an unser Geschäft zu erinnern. Bei der Verteilung sämtlicher Prospekte und Einladungen werden die Firmendaten aufgedruckt und dienen wiederum als KundInnenbindung. Eigene Firmenkleidung mit Logoaufdruck gibt es nicht, was ich für mich persönlich vorteilhaft finde, da diese oft sehr einfach und unmodern gestaltet ist und nicht für alle MitarbeiterInnen geeignet ist.

Grundsätzlich gab es jedoch auch bei uns zwischendurch Überlegungen T-Shirts mit aufgedrucktem Loge zu gestalten. Die oberste Leitung ist davon aber wieder abgekommen, da T-Shirts im Verkauf nicht sehr einladend und passend erschienen. Eine weitere Überlegung auch den MitarbeiterInnen diese Firmenidentität zuzuweisen war die Anschaffung von Namensschildern mit dem Firmenlogo, um die KundInnen wissen zu lassen, wer für sie im Geschäft zuständig ist. Diese wurden jedoch nur eine kurze Zeit verwendet und dann wieder abgelegt und da sich niemand seitens der obersten Leitung darüber Gedanken gemacht hat, gibt es diese Namensschilder nur mehr in den Schubladen.

Prinzipiell ist es für KundInnen schon sehr hilfreich zu wissen, wer für die Beratung und Hilfe zuständig ist, dies ist jedoch auch über andere Wege möglich. Meistens ist bei uns das Personal, das zuvorkommend grüßt oder von selbst seine eigene Hilfsleistung anbietet und so der Kundin oder dem Kunden die Zuständigkeit signalisiert. Man merkt, dass je besser betreut sich diese fühlen, diese auch immer wiederkommen und das Geschäft weiterempfehlen. Wichtig ist auch, dass die Firmenangestellten dieses Logo kennen und sich ebenfalls damit identifizieren, sich zumindest einmal damit auseinandergesetzt haben.

Der nächste Begriff Funktionen und Kompetenzen, der sich mit der Aufgabenverteilung der einzelnen Bediensteten auseinandersetzt, sollte in einem Organigramm festgehalten werden. Bei jeder Funktion können vier verschiedene Aspekte unterschieden werden und zwar sind dies Verantwortung, Rolle, Aufgabe und Kompetenzen (Ming 2006). In unserer Firma ist prinzipiell eine jede und ein jeder gleichgestellt. Fast alle sind als Angestellte eingestellt und haben einen ähnlichen Vertrag mit gleichen Kündigungszeiten. Der Kollege, der in der Zustellabteilung beschäftigt ist, ist als Arbeiter angestellt und hat eine Kündigungszeit von vier Wochen. Die älteren KollegInnen haben sechs Wochen Urlaub und durch ihre lange Arbeitszeit auch eine längere Kündigungsfrist, was jedoch den gesetzlichen Regelungen entspricht.

Eine Hierarchie ist nicht vorhanden, ältere MitarbeiterInnen werden in keinster Weise gegenüber den jüngeren bevorzugt oder umgekehrt. Auch der Filialleiter arbeitet neben den Bürotätigkeiten im Verkauf mit und genießt keine Sonderprivilegien. Grundsätzlich hat jede/r Angestellte einen fixen Arbeitsplatz bzw. eine fixe Abteilung, die von ihr oder ihm betreut wird. In dieser ist die oder derjenige für den Einkauf, die Remittenden, die Kundenberatung und die Gestaltung der Verkaufsflächen zuständig. Dies geschieht größtenteils in Eigenregie und wird vom Chef nur stichprobenartig überprüft. Es gibt KollegInnen im Kinderbuchbereich, Kollegen die die Wirtschafts-, Jus und Gesundheitsabteilung betreuen und drei MitarbeiterInnen betreuen die Taschenbuch- und die Belletristikabteilung. Mittagspausenvertretungen werden von den KollegInnen der Warenübernahme und des Büros übernommen, die dann in den verschiedensten Abteilungen die Arbeit übernehmen. Die Bürotätigkeiten, die teilweise mein

Arbeitsbereich sind, beinhalten sämtliche Fakturierungen, die Verwaltung aller Zeitschriften- und Fortsetzungsabonnements, Bestellung und Aufnahme neuer AbonnentInnen und KundInnen und auch Kassatätigkeiten und Mittagspausenvertretungen. Die Kollegin im Wareneingang ist für die gesamte Warenwirtschaft zuständig und vertritt ebenfalls in den Pausen. Für die Vertretungen gibt es keinen fixen Plan, meist wird in der Früh gefragt, wer an diesem Tag wie viel Zeit übrig hat und diese/r wird dann eingeteilt. Ist ein/e Kollege/in erkrankt wird der Dienstplan spontan umgeändert oder Abteilungen zusammengelegt.

In der Urlaubszeit wird im vorhinein die Abteilung anders besetzt. Verantwortung für den eigenen Bereich muss jeder selbst tragen, bei Schwierigkeiten und Problemen setzt man sich mit dem Filialleiter auseinander. Prinzipiell sind die KollegInnen die eine BuchhändlerInnen Lehre absolviert haben im Verkauf tätig, während der Rest im Büro und in der Warenübernahme beschäftigt ist. Somit sind alle MitarbeiterInnen ihrem Können entsprechend eingeteilt. Über die Jahre wurden die Aufgaben der meisten erweitert, da aufgrund des Personalabbaus die übriggebliebene Arbeit aufgeteilt wurde und so haben einige KollegInnen einen größeren Aufgabenbereich zugeteilt bekommen. Bei den physischen Mitteln, die wie wir bereits erfahren haben, werden sämtliche Geräte, Maschinen, aber auch finanzielle Mittel dazugezählt. In unserer Firma stehen jedem Angestellten ein Computer mit Drucker und Scanner als Arbeitsmaterial zur Verfügung. In den Büroräumen stehen zusätzlich noch Faxgeräte, Etikettendrucker, ein Einschweißgerät, eine Waage, eine Frankiermaschine und eine Maschine, mit der

Pakete verschweißt werden, die aber von jeder, von jedem benutzt werden dürfen. Für den Wareneingang gibt es noch kleine Transportwägen und eine Rodel. Es gibt keine Geräte und kein Material, welches von irgendjemandem nicht verwendet werden dürfen. Unser Zusteller hat einen Wagen in Verwendung um seiner Arbeit nachzukommen, dieser wird grundsätzlich nur von ihm benutzt, wäre aber auch von den anderen für dienstliche Nutzung verwendbar. Diese technischen Geräte werden einerseits von unserem Zusteller, der die meiste Zeit damit arbeitet auch gewartet und bei Bedarf soweit möglich repariert. Für die Frankiermaschine gibt es eine jährliche Wartung, wo der Techniker ins Haus kommt. Unser Lift wird ebenfalls jährlich von einer Fremdfirma gewartet. Für den gesamten EDV Bereich sind für den Konzern eigene EDV TechnikerInnen zuständig, die bei Problemen ebenfalls in das Geschäft kommen oder sich per Fernwartung einwählen und diese beheben. Kleinere Mängel, wie Birnentausch oder kleiner Reparaturen an Möbelstücken werden von unseren männlichen Kollegen selbst durchgeführt. Über finanzielle Belange ist der Personalstamm nicht informiert. Wenn kleiner Anschaffungen notwendig sind, wie zum Beispiel Toiletteartikeln oder Büromaterial wird dies in Absprache mit dem Filialleiter von uns selbst eingekauft und von der Firma bezahlt. Wird ein Arbeitsgerät kaputt, wird entweder von einer anderen Filiale ein Gerät ausgeborgt, es soweit möglich repariert oder im Bedarfsfall erneuert. Die finanzielle Lage der Firma ist für uns MitarbeiterInnen nicht genau einsehbar.

Bei Dienstbesprechungen wird uns zwar anhand von einigen Zahlen die immer schlechter werdende wirtschaftliche Situation vor Augen geführt, dazu die hohen Personal- und Mietkosten und die ständig größer werdenden generellen Ausgaben, exakte Auskünfte dazu erhalten wir jedoch nicht. Einerseits soll dies dazu dienen uns zu motivieren, sich noch mehr für die Firma zu engagieren und andererseits um den ständigen Personalabbau rechtfertigen zu können.

Prozesse umfassen sämtliche Abläufe in allen Bereichen der Firma. Da jeder für seinen Bereich zuständig ist, werden die einzelnen Arbeitsschritte von jedem selbst nach eigenem Gutdünken durchgeführt. Selbstverständlich gibt es einen sinnvollen Ablauf. Die Kollegin von der Warenübernahme beginnt ihren Dienst um sieben Uhr, damit bei Geschäftsöffnung ein Großteil der Ware bereits übernommen wurde und im Verkauf erhältlich ist. Da ich für die Zeitschriftenabteilung und Fakturierung zuständig bin, beginne ich meinen Arbeitstag ebenfalls schon in der Früh, damit die Zeitschriften in den Regalen sind und die Rechnungen für den Versand bis Mittag fertig werden. Die Zustellung erfolgt vormittags, damit der Kollege am Nachmittag die Pakete einpacken kann und sich für den nächsten Tag vorbereiten kann. Die Arbeiten werden effektiv verrichtet, da aber oft sehr viel zu tun ist und vieles gleichzeitig fertig werden muss, ist nicht immer effizientes Arbeiten möglich. Viele Arbeiten benötigen sehr viel Zeit, wie zum Beispiel die Übernahme von Zeitschriften, die alten suchen und wieder remittieren, Zeitschriftenpakete öffnen, im Geschäft herumtragen, alte Zeitschriften zu Retourpakete wieder zusammenbinden usw. Viele

Arbeitsschritte sind leider oft auch durch die räumliche Situation sehr umständlich. Bei uns erfolgt die Lieferung im Erdgeschoss und die Übernahme im ersten Stock, daher muss die gesamte Ware mit dem Lift nach oben geschafft werden, was sehr anstrengend und schwierig ist.

Der für mich selbst wichtigste Begriff in diesem Modell ist der Begriff der Menschen. Darunter sind sämtliche MitarbeiterInnen gemeint mitsamt den Beziehungen zu- mit- und untereinander und auch nach außen hin. Für einen Betrieb selbst sind vor allem die Kompetenzen, das Wissen und Können, die persönlichen Einstellungen und Haltungen der einzelnen wichtig und interessant.

In unserer Firma herrscht ein sehr gutes Betriebsklima. Alle KollegInnen verstehen sich untereinander sehr gut, es kann über alles gesprochen und diskutiert werden. Auch das Verhältnis der einzelnen Bediensteten zum Filialleiter ist sehr angenehm. Er wird als Vorgesetzter akzeptiert, hat aber trotzdem einen kollegialen Umgangston, er ist offen für Vorschläge und Ideen, behandelt alle MitarbeiterInnen in gleicher Art und Weise, niemand wird von ihm bevorzugt oder benachteiligt. Die Einteilung des Dienstplanes wird von seiner Stellvertreterin in Ab- und Rücksprache mit den KollegInnen aufgestellt, dabei werden Wünsche bezüglich freier Tage berücksichtigt. Bei spontanen freien Tagen wird unter den KollegInnen selbst getauscht, an ruhigeren Tagen kann es auch vorkommen, dass einzelne MitarbeiterInnen früher nach Hause gehen und deren Bereich kurzfristig von den anderen mitübernommen werden. Auch der Umgang des Personals mit der

Umgebung, sprich den KundInnen und LieferantInnen ist eher locker und freundschaftlich gehalten.

Zu ersteren gibt es zwar ein sehr korrektes, zuvorkommendes und höflich hilfsbereites Verhältnis, da gerade im Verkauf die/der Kunde/ Kundin natürlich im Vordergrund steht, trotzdem funktioniert dieser Umgang sehr gut, da wir viele StammkundInnen haben, die regelmäßig zum Einkaufen kommen und sich bei uns sehr wohl fühlen und dies auch kundtun. Die Beziehung zu zweiteren ist auch sehr unkompliziert, durch das fast tägliche Aufeinandertreffen mit denselben LieferantInnen herrscht auch hier eine angenehme Umgangsform. Man kennt sich und hat neben der Arbeit meist einige Minuten Zeit um ein wenig zu plaudern oder zu scherzen. Zu den Strukturen in unserer Firma kann ich leider nicht viel bemerken, da mir diese mir nicht wirklich bekannt sind. Welche Verträge oder Statuten in unserer Firma gültig sind darüber wissen die Angestellten nicht Bescheid. Jede/r einzelne hat einen Dienstvertrag, der bei Beginn des Beschäftigungsverhältnisses unterzeichnet worden ist und wodurch das Gehalt, das Stundenausmaß, der Arbeitsort und die Art der Beschäftigung geregelt ist. Aufgeklärt ist man nur im Groben über die Firmenstruktur, die einzelnen Filialen und Abteilungen die zum Gesamtkonzern dazugehören, welche anderen Firmen Anteile in welcher Höhe besitzen, wie die Firmenhierarchie aussieht. Die Zusammenarbeit mit unseren Lieferantenfirmen wird von der obersten Leitung geregelt und mit diesen ausgehandelt.

Auch beim Punkt Strategien bekommt man als MitarbeiterIn nicht allzu viel mit. Wohin sich unser Unternehmen hin entwickelt ist nicht bekannt. Bei Besprechungen erfährt man nur von kurzfristige Planungen. Durch Umbauarbeiten und Personalabbau wird einem die Richtung, in die das Unternehmen geht einigermaßen klar. Die Kosten bezüglich Personal müssen laufend verkleinert werden, Kundenstamm und Aufträge sollen ständig vermehrt werden, obwohl sich die Wirtschaftslage verschlechtert.

Neue Ideen sollen vom Mitarbeiterstamm überlegt werden um die Geschäftssituation verbessern zu können. Durch bestimmtes Verhalten der obersten Leitung fühlt man sich als Angestellte/r oft recht alleine gelassen und sich für die Zukunft nicht sehr motiviert. Manchmal weiß die Chefetage gar nicht, wie es den Bediensteten geht, welche Arbeit und Anstrengung und mit welcher Motivation man seine täglichen Aufgaben bewältigt und dadurch entstehen oft Missverständnisse.

6. Schlussfolgerungen

Nach diesen theoretischen und praktischen Zusammenhängen, die ich versucht haben im obigen Kapitel in Verbindung zu stellen, ist eindeutig erkennbar, dass wir in unserer Firma fehlendes Qualitätsmanagement haben und dies dringend notwendig wäre.

Viele Bereiche sind nicht strukturiert durchdacht und es fehlen konkrete Bestimmungen. Vieles funktioniert durch ein gutes Zusammenarbeiten der KollegInnen untereinander. Da die meisten von uns schon jahrelang miteinander arbeiten und zu tun haben, kennt man sich sehr gut und kann sich dadurch aufeinander einstellen und hilft sich in schwierigen Situationen. Im Laufe der Zeit wird man auch flexibler und gewöhnt sich an neue Begebenheiten und akzeptiert schwierige Situationen. Da einem der Job wichtig ist, nimmt man auch Schwierigkeiten in Kauf und versucht weiterhin sein Bestes. Trotzdem hätte meiner Meinung nach, die oberste Leitung eines Betriebes die Verpflichtung auf einen geregelten Arbeitsablauf zu achten und nicht die Verantwortung auf die MitarbeiterInnen abzuwälzen.

Ich denke, viele Bereiche könnten effizienter und effektiver organisiert werden. Da vieles nicht verschriftlicht wird, haben sich im Laufe der Zeit viele Dinge nicht verändert. Durch manch neue Aufgabenverteilungen mit gemindertem Personalstamm können oft auch nicht alle Bereiche mehr optimal funktionieren, dies wird in der obersten Leitung nicht immer gesehen, da es zumeist nur um Profit geht und auf die menschliche Komponente vergessen wird. Damit eine Firma gut funktionieren und konkurrenzfähig bleiben kann, müssen wie in der Seminararbeit beschrieben wurde viele verschiedene Aspekte beachtet werden. Die einzelnen Faktoren dürfen nicht alleine für sich betrachtet werden, sondern im Miteinander und in gegenseitiger Beeinflussung. Jede Änderung eines Bereiches hat Auswirkungen auf die anderen Aspekte, diese gegenseitige Abhängigkeit darf nicht vergessen werden und muss bei Änderungen bedacht werden. Durch schriftliche Aufzeichnung anhand des Führens eines Qualitätsmanagement Handbuches wären genaue Arbeitsbeschreibungen möglich, damit könnte auch festgestellt werden, wie viel Zeit für welche Arbeit benötigt wird und dadurch wäre eine bessere Arbeitsteilung möglich und veraltete und nicht mehr zeitgemäße Strukturen sind änderbar.

Wichtig ist auch eine gute Kommunikation zwischen oberster Leitung und dem Personal. Ich denke, alle haben ein Recht über die Situation in einer Firma, über Zukunftsvisionen und zukünftige Änderungen und Planungen aufgeklärt zu werden. In unserer Firma ist oft nicht einmal der Filialleiter über alles informiert und wird oft selbst kurzfristig in neue Situationen hineingestellt. Mit offener Kommunikation bietet das Unternehmen auch den MitarbeiterInnen neue Motivationen und Hoffnungen, da man sich als ein Teil eines Teams erkennt und das Gefühl hat, gebraucht zu werden und dass die eigenen Kompetenzen und Fähigkeiten geschätzt werden.

Qualitätsmanagement kostet natürlich Geld, welches in Firmen anderweitig verwendet wird und dafür oft nicht vorgesehen ist, außerdem wird diese von Fremdfirmen durchgeführt und deckt vielleicht etwas auf, was nicht aufgedeckt werden soll. Gerade durch die Sichtweise eines objektiven und neutralen Außenstehenden wäre es sinnvoll neue Wege zu entdecken und auszuprobieren. Eine gut durchdachte Firmenstruktur wäre für alle Beteiligten, von den MitarbeiterInnen bis hin zur obersten Leitung von größter Wichtigkeit und sollte durch Qualitätsmanagement begleitet werden.

Hinter jeder Ecke lauern neue Richtungen (Schwing 2003 zit.n. Stanislaw Lec). Neuerungen und Verbesserungen in den Einzelbereichen, aber auch im Gesamtbereich sollen in Betracht gezogen werden und Qualitätsmanagement wäre dafür eine geeignete Möglichkeit.

7. Literatur:

CEN (2000): Qualitätsmanagementsysteme Anforderungen (ISO 9001:2000)

Internetquellen:

O.V. (O.J.): 7 Schalen Modell. Online im Internet unter: http://www.reflekteam.ch/angebote/das-7-schalen-modell.html [Stand 20.02.2009]

Ming, Markus (2006): Sieben Wesenselemente. Online im Internet unter: www.minggmbh.ch/upload/Downloads/7_Wesenselemente.pdf [Stand 11.03.2009]

O.V. (O.J): Das Trigon Organisationsmodell. Online im Internet unter: http://www.morgenthaler-consulting.ch/fileadmin/download/Trigon-OE-Konzept--Glasl.pdf [Stand 11.03.2009]

Schwing, Rainer (2003): Ganzheitliche Organisationsentwicklung. Online im Internet unter:

http://www.praxis-institut.de/dialog/digh.html [Stand 14.02.2009]

O.V. (O.J.)Kurztest der 7 Wesenselemente. Online im Internet unter: (http://www.ganztag-blk.de/ganztags-box/cms/upload/OE/pdf/Kurztest_7_Wesenselemente.pdf [Stand 14.02.2009]

www.ingramcontent.com/pod-product-compliance
Lightning Source LLC
Chambersburg PA
CBHW070926180526
45168CB00005B/2168